# Inhaltsverzeichnis

# Vorbemerkungen

Liebe Kolleginnen, liebe Kollegen,

der Aspekt „Lernen mit allen Sinnen“ hat beim individualisierenden Unterricht eine unverzichtbare Bedeutung. Jeder Schüler mit seinem persönlichen Lerncharakter soll angesprochen und motiviert werden, sich mit einem Thema intensiv und vielschichtig zu befassen.

Der Lernzirkel „Zauberlehrling“ bietet fächerübergreifend verschiedenste Ansätze das Thema „Zaubern“ mit den Kindern zu bearbeiten. Dabei bleibt es Ihnen überlassen zu entscheiden, welche Stationen oder Teile der Stationen von allen Schülern behandelt werden sollen und welche freiwillig bearbeitet werden können. Natürlich kann eine Station auch ganz weggelassen oder ein Aspekt und die dazugehörenden Stationen allein behandelt werden (z. B. Goethes „Der Zauberlehrling“).

Die Stationen sind so aufgebaut, dass die Schüler zunächst den Arbeitsauftrag kennen lernen und dann genauere Arbeitshinweise erhalten.
Im Lernzirkel „Zauberlehrling“ erleben die Schüler eine klassische Ballade im handelnden Umgang. Sie erleben die Dramatik der Situation des Zauberlehrlings aktiv lesend und spielend mit.
Bei einigen Lernstationen können die Kinder selbst „Zauberlehrling“ sein. Sie basteln die notwendigen Utensilien und lernen Zaubersprüche und Zaubertricks kennen. Zum Schluss werden sie mit einer Urkunde als „Zaubermeister“ belohnt. Die Anzahl der dafür zu erfüllenden Aufgaben legen Sie als Lehrer selbst fest.
Die Bastelanleitungen für Zauberpalme und Zauberhut können im „Zauberbuch“ des Kindes als Vorgangsbeschreibungen (für die Kinder eindeutiger: Arbeitsbeschreibungen) festgehalten werden. Hierzu steht ein zusätzliches Info-Blatt mit Gestaltungshilfen zur Verfügung. Besonders motivierend ist es für die Schüler, zum Schluss den Einband ihres Zauberbuches zu verzieren. Hier sind der Fantasie keine Grenzen gesetzt. Auch wenn nicht alle Stationen behandelt werden müssen, macht es den Schülern Freude ihr eigenes Zauberbuch in Händen zu halten.
Auf Seite 7 finden Sie einen vorbereiteten „Laufzettel“ für die Schüler.

# Vorbemerkungen

Der Lernzirkel „Zauberlehrling" ist im Grundschulunterricht ab Klasse 3 einsetzbar, als komplettes Programm aber besonders für die 4. Jahrgangsstufe geeignet. Er bietet aber ebenso Einsatzmöglichkeiten in Unterrichtsprojekten der Orientierungsstufe.

Vorbereitungen:
Wenn der Lernzirkel „Zauberlehrling" (komplett oder in Teilen) in der Klasse behandelt wird, sollten folgende Materialien bereitstehen:
Jedes Kind benötigt:
1 DIN A 4 Heft, unliniert
Schere
Klebstoff
Buntstifte, Filzstifte

Außerdem sollte auf einem Sondertisch folgendes Material bereitgestellt werden:
Rundstäbe 30-40 cm lang
Pappe oder Tonpapier 40x40 cm
Stoffreste
Metallfolien
Sternchen
Glitzersternchen, -herzchen (Reste aus der Weihnachtskiste)
Geschenkpapier (Reste)
Zeitungen
Zeitschriften
Buntpapier
Kordel
Stoff für den Zauberumhang
Heftklammern
Die Information „Arbeitsbeschreibung"

BVK LZ 01: Monika Böttges: Lernzirkel „Der Zauberlehrling"

# Vorbemerkungen

Für die Vertonung des „Zauberlehrlings" von Goethe:
Handtrommeln
Rasseln
Glockenspiel
Triangel

Weitere Informationen finden Sie bei den jeweiligen Lernstationen.
Die fertigen Zauberbücher können im Rahmen einer kleinen Klassenausstellung präsentiert werden, evtl. verbunden mit einer Vorführung a) der Vertonung der Ballade „Der Zauberlehrling" und/oder b) der Vorführung von Zaubertricks.

Lesen Sie bitte die „Hinweise zur Lernzirkelarbeit" auf der nächsten Seite (S. 5).

Viel Spaß und „zauberhaftes" Arbeiten mit dem Lernzirkel „Zauberlehrling".

Monika Böttges

BVK LZ 01: Monika Böttges: Lernzirkel „Der Zauberlehrling"

# Hinweise zur Lernzirkelarbeit

Gerade die Form des Arbeitens mit einem Lernzirkel fördert die Eigenständigkeit und Kreativität der Kinder. Die freie Wahl der Reihenfolge der Bearbeitung gibt ihnen die Möglichkeit sich zunächst für Aufgaben zu entscheiden, die sie besonders interessieren. Aufgrund der Neigung der Kinder wird diese Auswahl sicherlich unterschiedlich ausfallen.
Sie lernen auch Regeln einzuhalten sowie äußere Arbeitsformen wie z. B. Ordnung und eine der Lernsituation angepasste Lautstärke.
Zu Beginn können Sie die Lernstation 1 als Einstieg auch gemeinsam bearbeiten. Überhaupt können Sie den Lernzirkel auch im herkömmlichen, eher lehrerzentrierten, informierenden Unterricht einsetzen und die einzelnen Lernstationen gemeinsam mit den Kindern bearbeiten.
Bei der Lernzirkelarbeit wird den Schülerinnen das gesamte Unterrichtsthema (Thema einer Unterrichtsreihe) in einzelnen Lernstationen angeboten. An jeder Lernstation wird ein bestimmter Themenaspekt bearbeitet.
Zu Beginn der jeweiligen Lernzirkelstunde wählen die Schüler eine Lernstation aus, mit der sie sich in der Unterrichtsstunde beschäftigen wollen. Sie bearbeiten anhand der Aufgaben das bereitgestellte Material. Nach Fertigstellung der Aufgaben an einer Lernstation wird eine andere ausgewählt. Undsoweiter. Es ist sinnvoll im Klassenraum eine so genannte Erste-Hilfe-Station einzurichten. An einer solchen Station finden die Schüler Hilfsmaterial wie Lexikon, Rechtschreibwörterbuch, Fachbücher, aber auch Lineal, Buntstifte, Papier, Scheren, Kleber, eventuell auch einen Kassettenrekorder. Da bei der Bearbeitung der einzelnen Stationsaufgaben die Schülerinnen und Schüler möglichst selbstständig arbeiten sollen, ist es ratsam sie bei Fragen zunächst einmal auf die Möglichkeit der Erste-Hilfe-Station hinzuweisen. Wenn dies nicht zum Erfolg geführt hat, kann die Lehrerin immer noch als Expertin zu Hilfe kommen.
Grundsätzliche Regeln für die Lernzirkelarbeit:
Ein Schüler muss alle Pflichtaufgaben einer Station bearbeiten, bevor er eine neue Station wählt. Die Schülerin benötigt einen Schnellhefter oder ein Heft zum Eintragen der Arbeitsergebnisse. So wäre es schön, wenn am Ende der Arbeit mit dem Lernzirkel ein „eigenes Buch“ zum Thema entstehen würde.
Grundsätzlich ist der Lernzirkel besonders für die Partner- oder - besser noch - Gruppenarbeit konzipiert. So können manche Aufgaben auch nur als Gruppenarbeit erledigt werden. Jeder muss auf eine angemessene Lautstärke achten. Am Ende der Stunde räumt jeder seinen Arbeitsplatz auf und stellt die Materialien an die jeweils vorgesehene Stelle zurück.
Vorbereitungen:

- Möglichkeiten schaffen, an Gruppentischen zu arbeiten bzw. an mindestens sechs verschiedenen Orten (Lernstationen) gleichzeitig arbeiten zu können.
- Mindestens eine freie Wand sollte zur Verfügung stehen; evtl. kann durch Stellwände die Ausstellungsfläche vergrößert werden.
- Die einzelnen Lernstationen werden an einem zentralen Ort ausgelegt, die Schüler über die Arbeit mit dem Lernzirkel informiert.
- Bereitstellen von Ordner, Kladde, Zeitschriftenschuber zur Sammlung und Aufbewahrung von Informationsmaterial.
- Einrichtung der Erste-Hilfe-Station.

# Hinweise für Schülerinnen und Schüler

Liebe Schülerinnen und Schüler!

Zaubern ist spannend, aufregend, faszinierend.
Hast du Lust, in die Zauberwelt einzusteigen?

Der Lernzirkel „Zauberlehrling" gibt dir hierzu viele Anregungen.

Du brauchst auf jeden Fall:
1 DIN A-4 Heft, unliniert
1 Schere
Klebstoff
Buntstifte, Filzstifte

Außerdem stellt dir deine Lehrerin/dein Lehrer weitere Materialien auf einem besonderen Tisch zur Verfügung.

Vor allen Dingen aber brauchst du ganz viel Fantasie!

Du lernst eine Ballade von Goethe kennen:
„Der Zauberlehrling".

Du kannst dir aber auch selber Zauberutensilien basteln, Zaubertricks und Zaubersprüche lernen.
All dies sind nur Anregungen.
Am schönsten wird es, wenn du darüber hinaus alles zusammenträgst, was du mit deinen Mitschülern zum Thema „zaubern" findest.
So entsteht im Laufe der Arbeit für dich ein Zauberbuch.
Und vielleicht könnt ihr in der Klasse ein richtiges Zauberfest veranstalten (Vorführungen für Mitschüler, Eltern ...).

Ich wünsche euch ein zauberhaftes Vergnügen bei eurer Arbeit!

Eure Monika Böttges

# Laufzettel

| NAME: | KLASSE: |
|---|---|

| Nr. | Lernstation | Datum | Bemerkung |
|---|---|---|---|
| 1 | Goethe: „Der Zauberlehrling“ | | |
| 2 | Die Zauberformeln | | |
| 3 | Walle, walle – Goethes Stilmittel | | |
| 4 | Vertonung | | |
| 5 | Pantomime | | |
| 6 | Zaubersprüche | | |
| 7 | Wortfeld: zaubern | | |
| 8 | Johann Wolfgang von Goethe | | |
| 9 | Goethes Reisen in Europa | | |
| 10 | Goethe-Puzzle | | |
| 11 | Zauberhafte Landschaften: Winter | | |
| 12 | Zauberhafte Landschaften: Frühling | | |
| 13 | Das Geheimnis im Schlossturm | | |
| 14 | Der unheimliche Schlossturm | | |
| 15 | Der Kristallspiegelraum | | |
| 16 | Schuhkarton-Theater | | |
| 17 | Das Zauber-Elfchen | | |
| 18 | „Zauberlehrling“-Geschichte | | |
| 19 | Kreuzworträtsel | | |
| 20 | Bastelanleitung: Zauberhut | | |
| 21 | Bastelanleitung: Zauberstab | | |
| 22 | Bastelanleitung: Zauberumhang | | |
| 23 | Bastelanleitung: Zauberpalme | | |
| 24 | Zaubertricks | | |
| 25 | Das Zauberbuch | | |

# Goethe: „Der Zauberlehrling“

Bei dieser Lernstation findest du den Text „Der Zauberlehrling“ von Johann Wolfgang von Goethe.

**Aufgabe 1:**

Nimm die Blätter mit dem Text.
Vielleicht hast du es erkannt, es ist eine Ballade.
Informationen dazu findest du im Kasten.
Lies dir die Ballade still durch.

> **Begriffserklärung: Ballade**
>
> **Eine Ballade ist ein dramatisches Gedicht, das eine spannende Geschichte erzählt.**

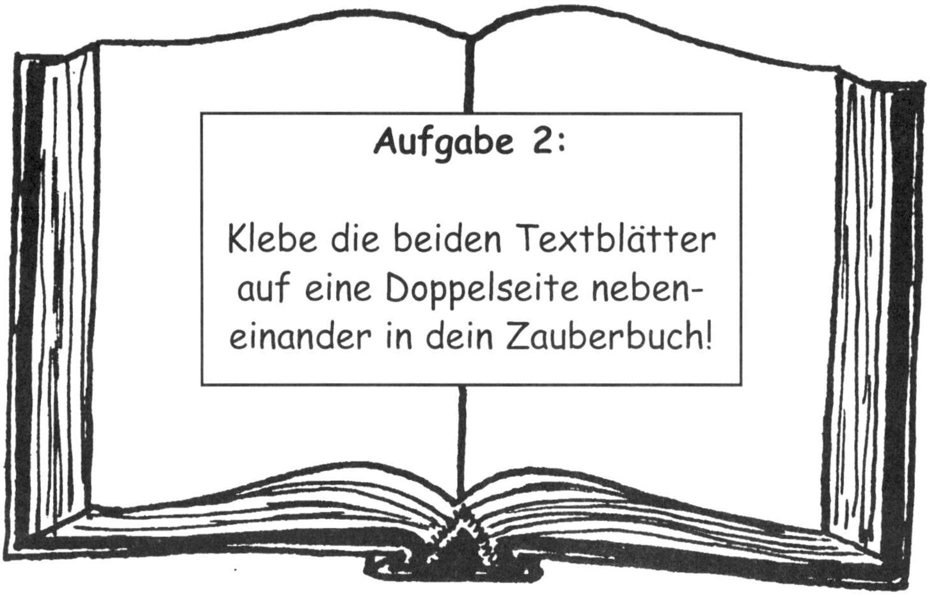

**Aufgabe 2:**

Klebe die beiden Textblätter auf eine Doppelseite nebeneinander in dein Zauberbuch!

**Aufgabe 3:**

Für diese Aufgabe musst du dir einen Partner suchen.
Lest euch die Zauberformeln gegenseitig vor. Sie sind in der Ballade etwas eingerückt – ihr könnt sie leicht von den Strophen unterscheiden.

BVK LZ 01: Monika Böttges: Lernzirkel „Der Zauberlehrling“

# „Der Zauberlehrling“
# von
# Johann Wolfgang von Goethe

Hat der alte Hexenmeister
Sich doch einmal wegbegeben!
Und nun sollen seine Geister
Auch nach meinem Willen leben!
Seine Wort und Werke
Merkt ich und den Brauch,
Und mit Geistesstärke
Tu ich Wunder auch.
Walle! walle
Manche Strecke,
Dass zum Zwecke
Wasser fließe,
Und mit reichem, vollem Schwalle
Zu dem Bade sich ergieße!

Und nun komm, du alter Besen!
Nimm die schlechten Lumpenhüllen!
Bist schon lange Knecht gewesen;
Nun erfülle meinen Willen!
Auf zwei Beinen stehe,
Oben sei ein Kopf,
Eile nun und gehe
Mit dem Wassertopf!
Walle! walle
Manche Strecke,
Dass zum Zwecke
Wasser fließe,
Und mit reichem, vollem Schwalle
Zu dem Bade sich ergieße!

Seht, er läuft zum Ufer nieder;
Wahrlich! ist schon an dem Flusse,
Und mit Blitzesschnelle wieder
Ist er hier mit raschem Gusse.
Schon zum zweiten Male!
Wie das Becken schwillt!
Wie sich jede Schale
Voll mit Wasser füllt!
Stehe! stehe!
Denn wir haben
Deiner Gaben
Vollgemessen!-
Ach ich merk es! Wehe! wehe!
Hab ich doch das Wort vergessen!

Ach, das Wort, worauf am Ende
Er das wird, was er gewesen.
Ach, er läuft und bringt behende!
Wärst du doch der alte Besen!
Immer neue Güsse
Bringt er schnell herein,
Ach! und hundert Flüsse
Stürzen auf mich ein.
Nein, nicht länger
Kann ich´s lassen;
Will ihn fassen.
Das ist Tücke!
Ach! nun wird mir immer bänger
Welche Miene! Welche Blicke!

# Lernstation 1: „Der Zauberlehrling"

Oh du Ausgeburt der Hölle!
Soll das ganze Haus ersaufen?
Seh ich über jede Schwelle
Doch schon Wasserströme laufen.
Ein verruchter Besen,
Der nicht hören will!
Stock, der du gewesen,
Steh doch wieder still!
Willst´s am Ende
Gar nicht lassen?
Will dich fassen,
Will dich halten,
Und das alte Holz behende
Mit dem scharfen Beile spalten.

Seht, da kommt er schleppend wieder!
Wie ich mich nun auf dich werfe!
Gleich, o Kobold, liegst du nieder;
Krachend trifft die glatte Schärfe!
Wahrlich, brav getroffen!
Seht, er ist entzwei!
Und nun kann ich hoffen,
Und ich atme frei!
Wehe! wehe!
Beide Teile
Stehn in Eile
Schon als Knechte
Völlig fertig in die Höhe!
Helft mir, ach! ihr hohen Mächte!

Und sie laufen! Nass und nässer
Wird´s im Saal und auf den Stufen.
Welch entsetzliches Gewässer!
Herr und Meister! hör mich rufen! -
Ach, da kommt der Meister!
Herr, die Not ist groß!
Die ich rief, die Geister,
Werd ich nun nicht los.
„In die Ecke,
Besen, Besen!
Seid´s gewesen!
Denn als Geister
Ruft euch nur zu seinem Zwecke
Erst hervor der alte Meister."

# Die Zauberformeln

**Aufgabe 1:**
Ist dir aufgefallen, dass die Zauberformeln von Strophe zu Strophe aufgeregter klingen?
Nimm den Ausschneidebogen „Zauberformeln", schneide die Formeln einzeln aus und klebe sie so auf die nächste Doppelseite deines Heftes:

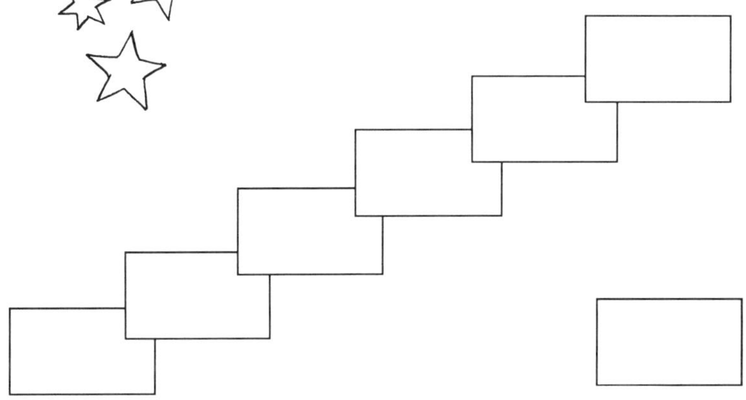

**Aufgabe 2:**
Schreibe die Zauberformel, die für dich am aufgeregtesten klingt, in dein Zauberbuch.

**TIPP:** Du kannst die Aufregung auch in deiner Schrift ausdrücken:
Schreibe mit Filzstift oder verändere die Schriftgröße!

**Aufgabe 3:**
Überlege: Warum steht die Zauberformel des Zaubermeisters unten und ist klein gedruckt?

BVK LZ 01: Monika Böttges: Lernzirkel „Der Zauberlehrling"

# Die Zauberformeln

Walle! walle!
Manche Strecke,
Dass zum Zwecke
Wasser fließe,
Und mit reichem, vollem Schwalle
Zu dem Bade sich ergieße!

Walle! walle!
Manche Strecke,
Dass zum Zwecke
Wasser fließe,
Und mit reichem, vollem Schwalle
Zu dem Bade sich ergieße!

Stehe! stehe!
Denn wir haben
Deiner Gaben
Vollgemessen!-
Ach, ich merk es! Wehe! wehe!
Hab ich doch das Wort vergessen!

In die Ecke,
Besen, Besen!
Seid´s gewesen!
Denn als Geister
Ruft euch nur zu seinem Zwecke
Erst hervor der alte Meister!

Nein, nicht länger
Kann ich´s lassen;
Will ihn fassen.
Das ist Tücke!
Ach! nun wird mir immer bänger!
Welche Miene! welche Blicke!

Willst´s am Ende
Gar nicht lassen;
Will dich fassen,
Will dich halten,
Und das alte Holz behende
Mit dem scharfen Beile spalten.

Wehe! wehe!
Beide Teile
Stehn in Eile
Schon als Knechte
Völlig fertig in die Höhe!
Helft mir, ach! ihr hohen Mächte!

BVK LZ 01: Monika Böttges: Lernzirkel „Der Zauberlehrling“

# Walle, walle - Goethes Stilmittel

Wenn du den Text gelesen hast, sind dir bestimmt einige Besonderheiten aufgefallen. So beginnen besonders viele Wörter mit dem gleichen Anlaut, z. B. mit dem Buchstaben „W" (Walle, Wasser, Wort) oder auch mit dem Buchstaben „S" (Strecke, Schwalle).

**Begriffserklärung: Alliteration**

**Alliteration ist die Bindung von Wörtern durch einen gleichen Anlaut (Anfangsbuchstaben).**

Dieses Stilmittel nennt man „Alliteration" (siehe Kasten).

**Aufgabe 1:**
Suche im Text alle Wörter, die den Anlaut „S/s" haben und färbe diese s-Laute rot!

**Aufgabe 2:**
Suche im Text alle Wörter, die den Anlaut "W/w" haben und färbe diese w-Laute gelb!

**Aufgabe 3:**
Für diese Aufgabe brauchst du dein Zauberbuch.
Fertige darin eine Tabelle! Dazu schreibst du auf die linke Heftseite die Überschrift „Anlaut S/s", auf die rechte Heftseite die Überschrift „Anlaut W/w".
Nun kannst du die im Text bereits farbig gekennzeichneten Wörter entsprechend der Überschriften in deine Tabelle eintragen.
Färbe die Anlaute wieder wie in Aufgabe 1 und 2, nämlich rot und gelb!

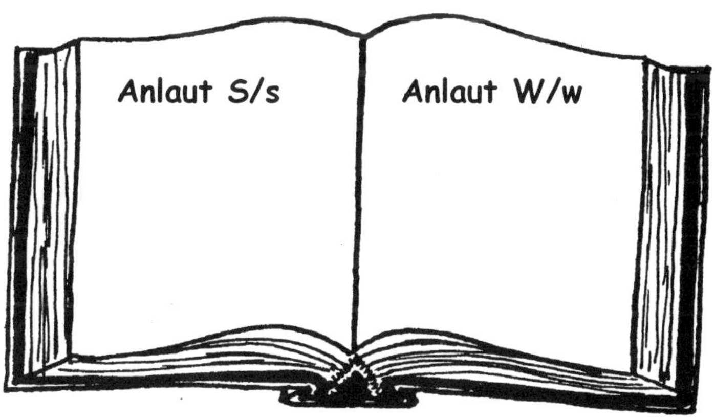

# Walle, walle – Goethes Stilmittel

**Aufgabe 4:**
Der Zauberlehrling redet den Besen immer wieder an.
Suche aus der Ballade alle Namen und Ausdrücke für den *Besen* heraus und trage sie in dein Zauberbuch ein.

Wähle dazu eine passende Überschrift!

**Aufgabe 5:**
Das Wort *Bad* verändert sich mehrmals in der Ballade.
Notiere die veränderten Ausdrücke!
Vergiss nicht eine treffende Überschrift!

**Aufgabe 6:**
Die aufregenden Erlebnisse, die in der Ballade beschrieben sind, kann man auch in anderen Schreibformen schildern, zum Beispiel durch eine Zeitungsnotiz, eine Tagebucheintragung des Zauberlehrlings am Abend, einen Entschuldigungsbrief des Zauberlehrlings an seinen Meister.
Entscheide dich für eine dieser Formen.
Schreibe deinen Text in dein Zauberbuch.

# Vertonung

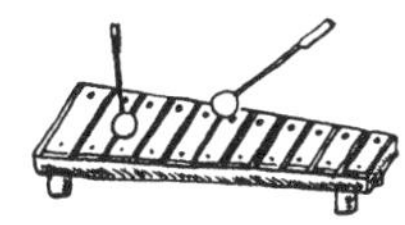

Wir wollen versuchen den Text des Zauberlehrlings musikalisch zu untermalen.
Überlegt, welche Instrumente dazu geeignet sind (z. B. Pauke, Handtrommel, Triangel, Rassel, Glockenspiel ...).
Welche Eindrücke aus der Ballade sollen durch die Instrumente dargestellt bzw. verstärkt und untermalt werden?
Außerdem braucht ihr wieder euer Zauberbuch mit den eingeklebten Texten.

**Aufgabe 1:**
Wählt zunächst einen oder mehrere Mitschüler, der/die alle „Vertonungsversuche" auf einem Kassettenrekorder aufnehmen soll/sollen.

**Aufgabe 2:**
Ein Schüler spricht die Zauberformeln, die anderen begleiten ihn auf den Instrumenten. *Spürt* ihr die Verzweiflung des Zauberlehrlings?

**Variation a)**
Eine Schülerin liest die Strophen,
eine Schülerin spricht die Zauberformeln,
3 - 4 Schüler begleiten sie dabei auf den Instrumenten.
**Achtung:** Die Instrumente dürfen die Stimmen nicht übertönen!

**Variation b)**
Ein Schüler liest die Strophen.
3 - 4 Schüler spielen auf den Instrumenten, alle anderen sprechen im Chor die Zauberformeln gemeinsam.

**Aufgabe 3:**
Hört euch nun alle Versuche auf dem Kassettenrekorder an.
Welche Stellen sind besonders gut gelungen?
Was könnte noch verbessert werden?

# Pantomime

**Aufgabe 1:**
Im Gedicht „Der Zauberlehrling" passiert ja so einiges. Kannst du dir vorstellen, das Gedicht auch zu spielen? Versuche es einmal ohne Worte, also als Pantomime. Vorher musst du überlegen, wie viele Mitspieler du dir dafür suchen musst.

| Begriffserklärung: Pantomime |
|---|
| Theaterspiel ohne Sprache. Nur durch Körperbewegungen und Gesichtsausdruck wird die Handlung ausgedrückt. Oft spielen bei der Pantomime auch Musik und Tanz eine wichtige Rolle. |

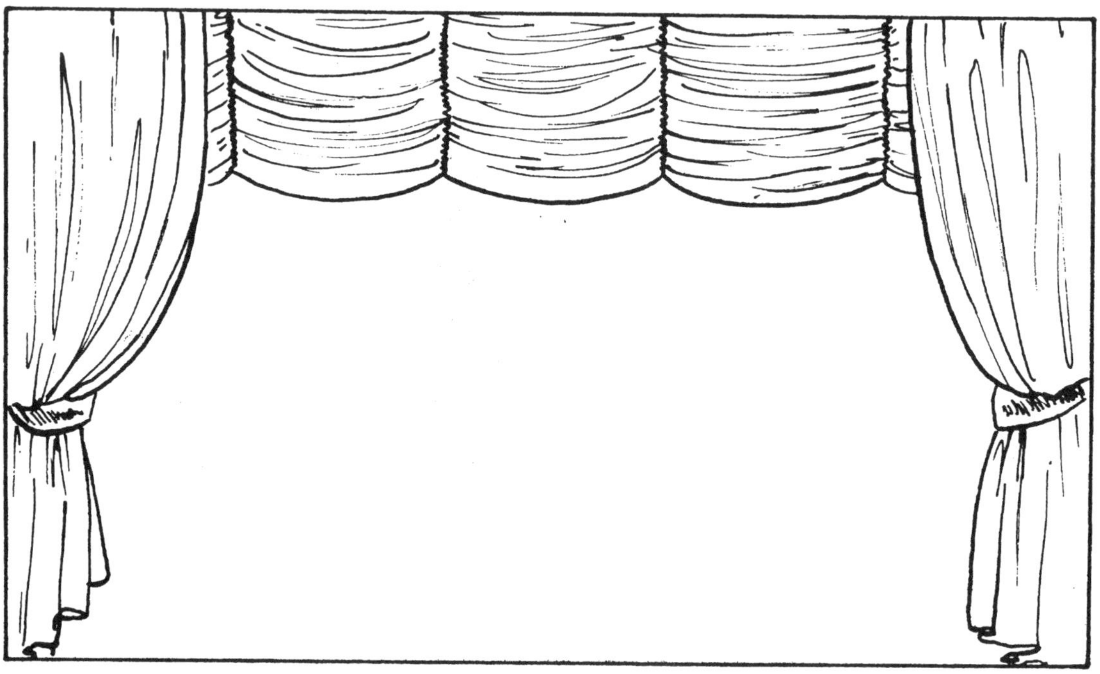

**Aufgabe 2:**
Eine zweite Möglichkeit ist die Darstellung mit Worten.
Neben den Mitspielern, die die vorkommenden Personen darstellen sollen, braucht ihr noch einen Mitspieler, der passend zu der dargestellten Handlung das Gedicht vorträgt; vielleicht auch einen zweiten Sprecher, der die Zaubersprüche liest.

# Zaubersprüche

**Aufgabe 1:**
Im „Zauberlehrling“ hast du schon einige Zaubersprüche kennen gelernt.
Bei dieser Lernstation findest du viele weitere Zaubersprüche. Schreibe einige, die dir besonders gefallen, in dein Zauberbuch.

**STOPP!** Denke daran: Es sieht schöner aus, wenn du die Texte gestaltest.
Du kannst verschiedenfarbige Stifte wählen oder auch ein Schmuckblatt verwenden und es dann in dein Zauberbuch kleben.

**Aufgabe 2:**
Vielleicht findest du zu Hause in einem Buch noch einen unbekannten Zauberspruch.
Oder du erfindest selber einen Spruch für dein Zauberbuch!

# Zaubersprüche

ben zi bena
bluot zi bluoda
lid zi geliden
sose gelimida sin!

(Dieser Spruch ist 1100 Jahre alt.
Wotan sprach ihn, als ein Pferd sich den Fuß verrenkte.)
auf deutsch:
Knochen zu Knochen
Blut zu Blut
Glied zu Gliedern
als ob sie
zusammengeleimt seien.

Hokus Pokus
Ziegenfuß
Mückenstich und
Flintenschuss.

Hexe flexe
Feuerschwanz,
schon beginnt
der Zaubertanz

Sieben Elefantenbeine
kicken sieben Meilensteine
Löwenmark und weißer Quark
machen deine Muskeln stark!

(aus: Hexe Lakritze, E. Hasler)

Spinnendreck und
Katzenspeck
Hokus Pokus -
alles weg!

Affengeschrei und Schlangenei
Dschungelgeister
kommt herbei!
Zauberpalme recke dich,
bis zur Decke strecke dich!

(aus: Mücki, 9/88)

minz den gaawn
bill den baud
minz den gaawn
bill den baud
kittl koo
kittl koo
minz den gaawn
gnaz den eschn
ruttl znop

(Ernst Jandl)

Nadelstiche 1, 2, 3!
Der Luftballon
der platzt entzwei.
Hexenkuss und Zauberei -
mit dem Platzen ist´s vorbei!

(aus: Mücki, 9/88)

BVK LZ 01: Monika Böttges: Lernzirkel „Der Zauberlehrling"

# Wortfeld: zaubern

**Aufgabe:**
Im Gedicht „Der Zauberlehrling“ steckt das Wort „Zauber“ und - abgewandelt - auch das Wort „zaubern“.
Schreibe nun in dein Zauberbuch zwei Wortfelder, einmal zum Wort „Zauber“ und auch zu dem Wort „zaubern“, zum Beispiel so:

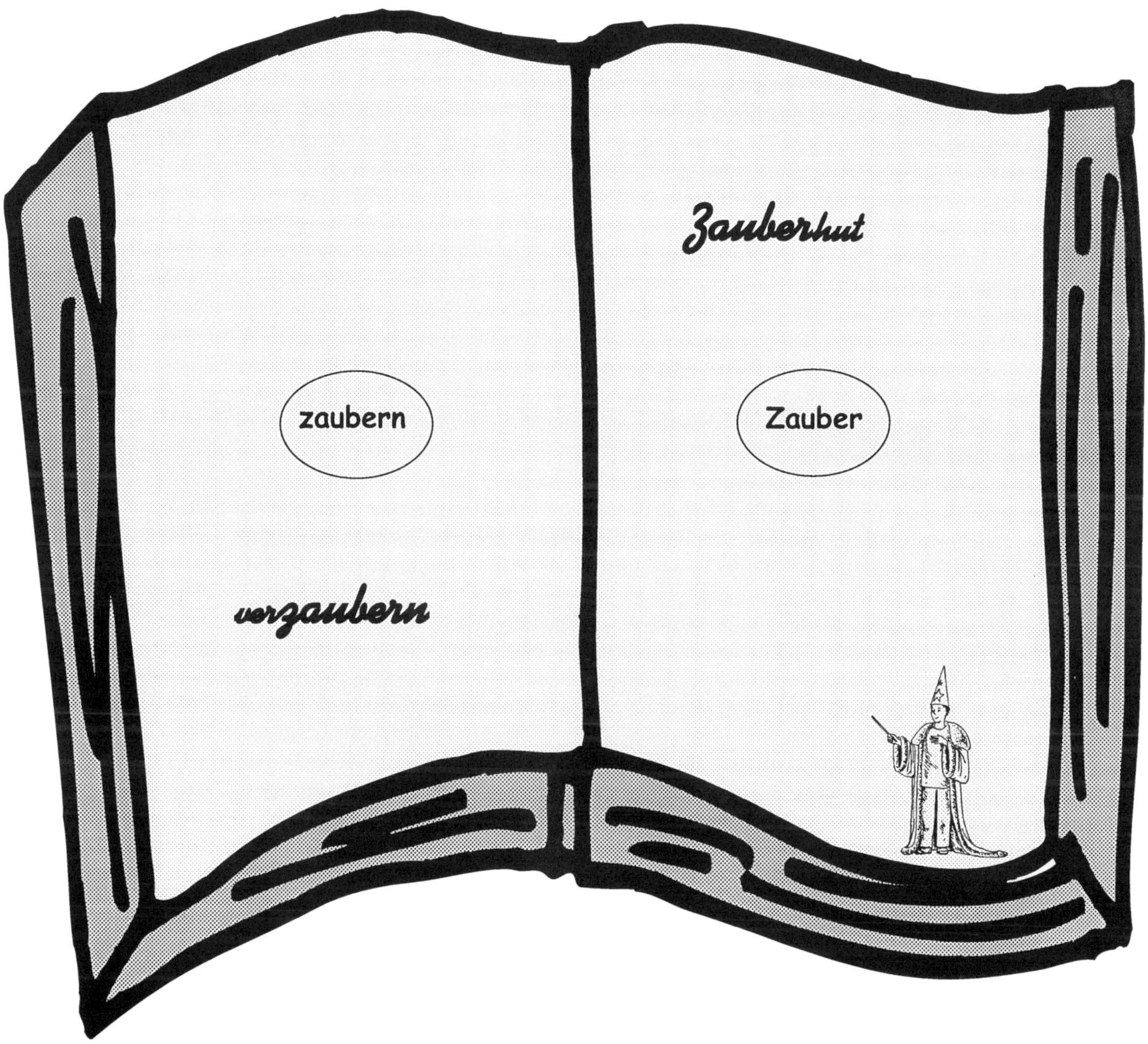




BVK LZ 01: Monika Böttges: Lernzirkel „Der Zauberlehrling“

# Johann Wolfgang von Goethe

Auf den Seiten dieser Lernstation 8 erfährst du etwas über den Dichter, der die Ballade „Der Zauberlehrling“ geschrieben hat.

**Aufgabe 1:**
Lies dir den Text genau durch!
Du wirst dein Wissen über Johann Wolfgang von Goethe bei den Lernstationen 9 und 19 gut gebrauchen können.

**Aufgabe 2:**
Klebe den Text in dein Zauberbuch.

**Johann Wolfgang von Goethe**
Johann Wolfgang von Goethe wurde am 28. August 1749 in Frankfurt am Main geboren und wuchs dort sehr behütet auf.
Goethe über sich selbst:

„Vom Vater hab´ ich die Statur,
des Lebens ernstes Führen,
vom Mütterchen die Frohnatur
und Lust zu fabulieren.“

Von 1765 bis 1768 studierte er Jura in Leipzig, er wollte Anwalt werden. Eine schwere Erkrankung zwang ihn 1768/69 zur Heimkehr nach Frankfurt. Schon während des Studiums begann er zu schreiben.
1770 ging er als Student nach Straßburg, schloss 1771 sein Studium als Jurist ab. Er zog nach Frankfurt und ließ sich dort als Anwalt nieder.
Seine so genannte Geniezeit als Schriftsteller (die „Sturm- und Drangzeit“ des jungen Goethe) liegt zwischen den Jahren 1771 und 1775. In dieser Zeit entstanden bekannte Werke, die unter anderem auch sein Verhältnis zu Frauen zum Inhalt hatten und in denen er seine persönlichen Erlebnisse und Erfahrungen verarbeitete.

# Johann Wolfgang von Goethe

1775 unternahm er eine Schweizreise (u. a. nach Zürich).
1776 wurde Goethe Staatsbeamter in Weimar. In den folgenden zehn Jahren widmete er sich überwiegend dem Staatsdienst.
Im Jahre 1779/80 unternahm er seine zweite Schweizreise.
Goethe wurde 1782 durch den Zusatz „von“ geadelt.
Vom September 1786 bis Juni 1788 machte er seine erste Italienreise und hielt sich vorwiegend in Rom auf. Im Frühling 1787 besuchte er Neapel und Sizilien. Seine Erlebnisse verarbeitete er in dem Buch „Italienische Reise“. Er kam 1788 nach Weimar zurück und übernahm die „Oberaufsicht über die Künste und Wissenschaften“ des Herzogtums.
1790 unternahm er eine zweite Italienreise.
Zurückgekommen übernahm er 1791 die Leitung des Weimarer Hoftheaters; von 1796 bis 1805 in Zusammenarbeit mit Friedrich Schiller.
Seine Freundschaft zu Schiller war bis zu dessen Tod 1805 sehr eng. Sie spiegelt sich wider in gemeinsamen Veröffentlichungen. Beide Dichter prägten und beeinflussten diese Epoche der deutschen Literatur, die Klassik.
1806 heiratete er Christiane Vulpius. Sie hatten zusammen fünf Kinder, von denen nur das älteste Kind, August, überlebte.
Goethe starb am 22. März 1832 im Alter von 82 Jahren als Staatsminister a. D. (außer Dienst; das bedeutet, dass er nicht mehr im Dienst war) in Weimar.

# Goethes Reisen in Europa

**Aufgabe 1:**
Auf dieser Seite ist ein Ausschnitt der Europakarte abgedruckt.
Lies dazu den Lebenslauf von Johann Wolfgang von Goethe (Lernstation 8) und kennzeichne die Orte, die darin genannt werden.

**Aufgabe 2:**
Wenn du willst, kannst du die Orte mit einem farbigen Strich verbinden.

# Goethe-Puzzle

Der kleine Marc stöbert auf dem Dachboden im Haus seiner Großeltern in einem alten Koffer. Und was entdeckt er da? Viele kleine Papierfetzen liegen versteckt unter einem Stapel vergilbter Blätter. Und sogleich beginnt Marc die Papierfetzen aneiander zu legen. Nach einiger Zeit liegt das fertige Bild vor ihm. Unten auf dieser Seite findest du die Papierfetzen dieses Bildes verstreut. Setze sie zusammen. Wer ist wohl auf dem Bild zu sehen?

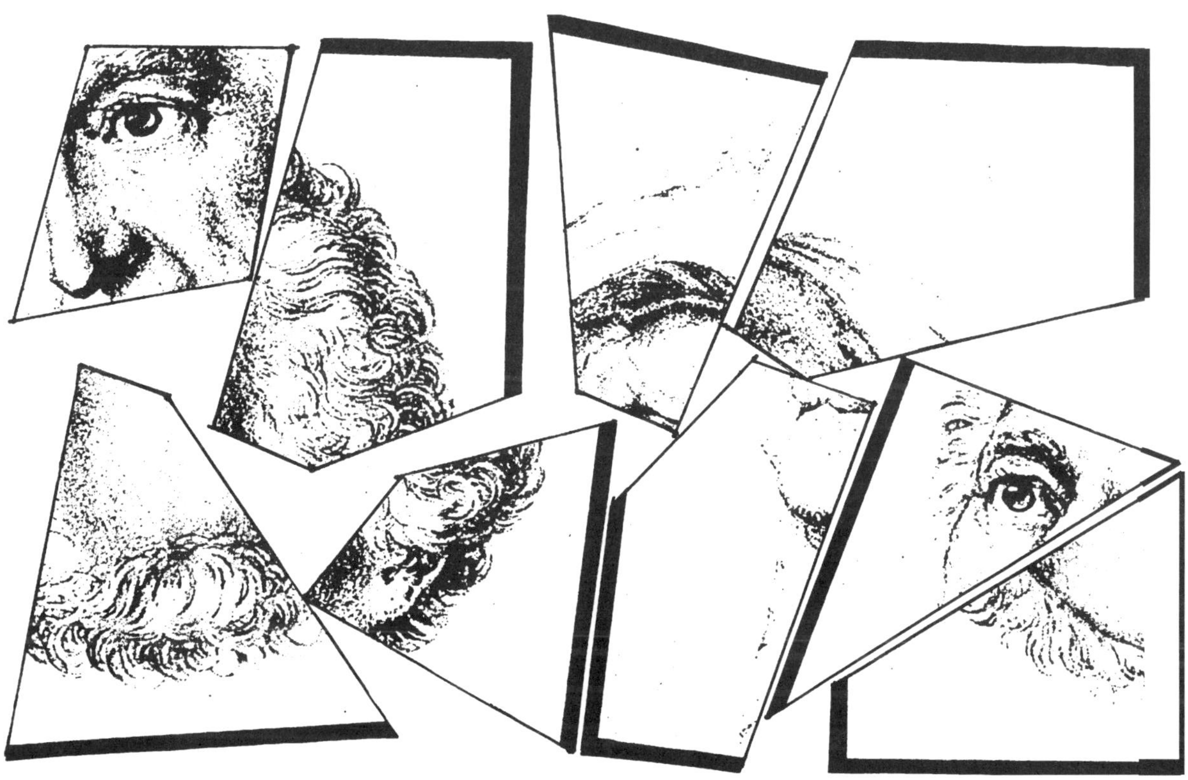

LÖSUNG: ____________________________________________

# Zauberhafte Landschaften: Winter

**Aufgabe:**
Schreibe zu diesem Winterbild ein HAIKU in dein Zauberbuch.
Ein HAIKU ist eine japanische Gedichtform, die aus drei Zeilen besteht:
1. Zeile: 5 Silben
2. Zeile: 7 Silben
3. Zeile: 5 Silben

Wichtig: Die 3. Zeile ist eine „Ich-Zeile", die dein Gefühl, deine Stimmung ... ausdrückt!

Ein Beispiel:

Schnee/flo/cken tan/zen
Al/les ist mit Schnee be/deckt
Mir ist es so kalt

Die Schrägstriche in den Wörtern trennen die Silben und helfen dir beim Zählen.

# Zauberhafte Landschaften: Frühling

**Aufgabe:**
Schreibe zu diesem Frühlingsbild ein HAIKU in dein Zauberbuch.
Ein HAIKU ist eine japanische Gedichtform, die aus drei Zeilen besteht:
1. Zeile: 5 Silben
2. Zeile: 7 Silben
3. Zeile: 5 Silben

Wichtig: Die 3. Zeile ist eine „Ich-Zeile", die dein Gefühl, deine Stimmung ... ausdrückt!

Ein Beispiel:

Schnee/glöck/chen sprie/ßen
Die Son/nen/strah/len leuch/ten
Ich füh/le Wär/me

Die Schrägstriche in den Wörtern trennen die Silben und helfen dir beim Zählen.

BVK LZ 01: Monika Böttges: Lernzirkel „Der Zauberlehrling"

# Das Geheimnis im Schlossturm

Bei seinem Weggehen hatte der Zaubermeister den Zauberlehrling ausdrücklich ermahnt: „Bleibe hier in diesem Raum, laufe nicht im Schloss herum. Und vor allem: Steige nicht in den Schlossturm!" Aber gerade diese Ermahnung lässt den Zauberlehrling so neugierig werden, dass er in den Turm hinaufsteigt. Er öffnet die Tür des Turmzimmers. Dort entdeckt er auf einem Tisch ein uraltes Zauberbuch.

**Aufgaben:**

1. Wie sieht das Zauberbuch aus: Ergänze diese Wortsammlung: vergilbt, verstaubt, durchlöchert, zerrissen, verbeult, unbekannte Schriftzeichen, vergoldet, verschlossen mit einem rostigen Schloss ...
Schreibe die Wortsammlung in dein Zauberbuch!
2. Beschreibe das Zauberbuch in einem kurzen Text möglichst geheimnisvoll.
3. Male ein Zauberbuch nach deinen eigenen Vorstellungen.

**Zusatzaufgabe:**

Was macht der Zauberlehrling mit dem Zauberbuch?

BVK LZ 01: Monika Böttges: Lernzirkel „Der Zauberlehrling"

# Der unheimliche Schlossturm

Der Zauberer ist weggegangen und der Zauberlehrling ist alleine im Schloss. Es ist ihm schon recht unheimlich zumute. Aber die Neugier ist stärker. Besonders diese Türe im Schlossturm, die so schwer und wuchtig aussieht, weckt sein Interesse. Vorsichtig und mit einiger Anstrengung kann er sie öffnen. Was verbirgt sich hinter der Türe? Er geht los, um all' die unbekannten Gänge zu erkunden.

**Aufgabe:**
Schreibe eine kurze Geschichte über das Geheimnis, das sich hinter dieser Türe versteckt.
Schneide dazu die Türe (Abbildung oben) aus. Das Türblatt musst du so einschneiden, dass du die Türe öffnen kannst. Klebe deine Türe in dein Zauberbuch. Schreibe eine kleine Geschichte hinter die zu öffnende Türe.

# Der Kristallspiegelraum

Eigentlich wollte der Zauberlehrling schon vorbeigehen, so unauffällig ist diese Türe. Aber irgendetwas zieht ihn magisch an. Er öffnet die Tür und sieht sich plötzlich selbst in einem großen Spiegel an der Wand.
Er kann nur staunen, denn der ganze Raum hängt voller Kristallspiegel mit ganz verschiedenen wunderschönen Rahmen. In einer Wandnische entdeckt er außerdem eine glitzernde Zauberkugel.
Als der Zauberlehrling in die Zauberkugel hineinschaut, sieht er ...

**Aufgabe:**
Wen sieht der Zauberlehrling? Sich selbst? Wie sieht er sich?
Sieht er in die Zukunft? Was sieht er da? Wen sieht er? Sieht er etwas Schönes, etwas Schreckliches?
Entscheide dich für einen Gedanken und schreibe ihn in dein Zauberbuch.
Natürlich kannst du auch Bilder zu deiner Geschichte malen.

# Schuhkarton-Theater

Kennst du ein Schuhkarton-Theater? Nein, das macht nichts. An dieser Lernstation wirst du es kennen lernen.
Du brauchst, wie du dir denken kannst, einen Schuhkarton. Die Größe spielt nicht so eine Rolle. Allerdings sollte es schon ein Karton sein, in dem Schuhe mit mindestens der Größe 36 steckten.

Und nun ist deine Fantasie gefragt.
Wie sieht eine Bühne aus?
Welche Dekorationen brauchst du, die zum Thema „Zauberei" passen?
Du kannst natürlich auch Figuren entwerfen!
Zeichne sie auf festen weißen Karton und bemale die Figuren.
Zuletzt brauchst du noch einen Vorhang für dein Theater.
Die Zeichnung auf dieser Seite kann dir als Anregung dienen.

# Das Zauber-Elfchen

**Aufgabe 1:**

- Schreibe das Wort „zaubern" in die Mitte eines leeren Blattes deines Zauberbuches und rahme es ein.
- Nun schreibe alle Wörter, die dir zu „zaubern" einfallen, auf das Blatt.
- Überlege, wonach du die Wörter ordnen könntest und unterstreiche die zusammengehörenden Wörter mit jeweils einer gleichen Farbe.
- Schlage Wörter, bei denen du nicht sicher bist, ob du sie richtig geschrieben hast, im Wörterbuch nach.

**Aufgabe 2:**

Schreibe nun ein „Zauber-Elfchen".

Ein Elfchen besteht aus 11 Wörtern:

1. Zeile _______
2. Zeile _______ _______
3. Zeile _______ _______ _______
4. Zeile _______ _______ _______ _______
5. Zeile _______

Probiere aus, wie du das Elfchen schreiben möchtest. Wenn dir dein Elfchen gefällt, schreibe es auf das vorgegebene Schmuckblatt und klebe es in dein Zauberbuch.

**Aufgabe 3:**

Schreibe eine kurze Geschichte mit den Wörtern deines Elfchens.

BVK LZ 01: Monika Böttges: Lernzirkel „Der Zauberlehrling"

# Das Zauber-Elfchen

________

________ ________

________ ________ ________

________ ________ ________ ________

________

BVK LZ 01: Monika Böttges: Lernzirkel „Der Zauberlehrling"

# „Zauberlehrling“-Geschichte

Z

A

U

B

E

R

L

E

H

R

L

I

N

G

**Aufgaben:**

1. Versuche eine Geschichte rund um das Thema „Zaubern“ zu schreiben. Benutze hierfür die Anfangsbuchstaben des Wortes „Zauberlehrling“.
2. Du kannst auch Begriffe rund um das Thema „Zaubern“ aufschreiben, die mit den vorgegebenen Buchstaben des Wortes „Zauberlehrling“ beginnen. Zum Beispiel: Zauberer Archibald ulkte ...

BVK LZ 01: Monika Böttges: Lernzirkel „Der Zauberlehrling“

# Kreuzworträtsel

Bearbeite zuerst die Lernstation 8!
Löse das Kreuzworträtsel. Trage das Lösungswort ein.
Du kannst das Rätsel auch ausschneiden und in dein Zauberheft kleben!

1. Wie heißt die Gedichtform des „Zauberlehrlings"?

2. Wie nennt der Lehrling den Zauberer?

3. Wohin reiste Goethe in Italien?

4. Was zeigt die Zeichnung?

5. Wo starb Goethe?

6. Was zeigt die Zeichnung?

7. Was zeigt die Zeichnung?

8. Was zeigt die Zeichnung?

9. Wie hieß Goethes Freund?

10. Wie lautet Goethes zweiter Vorname?

11. Was befindet sich im Eimer?

12. Was zeigt die Zeichnung?

13. Wie heißt der Geburtsort Goethes?

14. Mit welchem Wort beginnt der 1. Zauberspruch?

15. In welchem Land liegt Rom?

16. Wie lautet Goethes erster Vorname?

17. Was zeigt die Zeichnung?

# Kreuzworträtsel

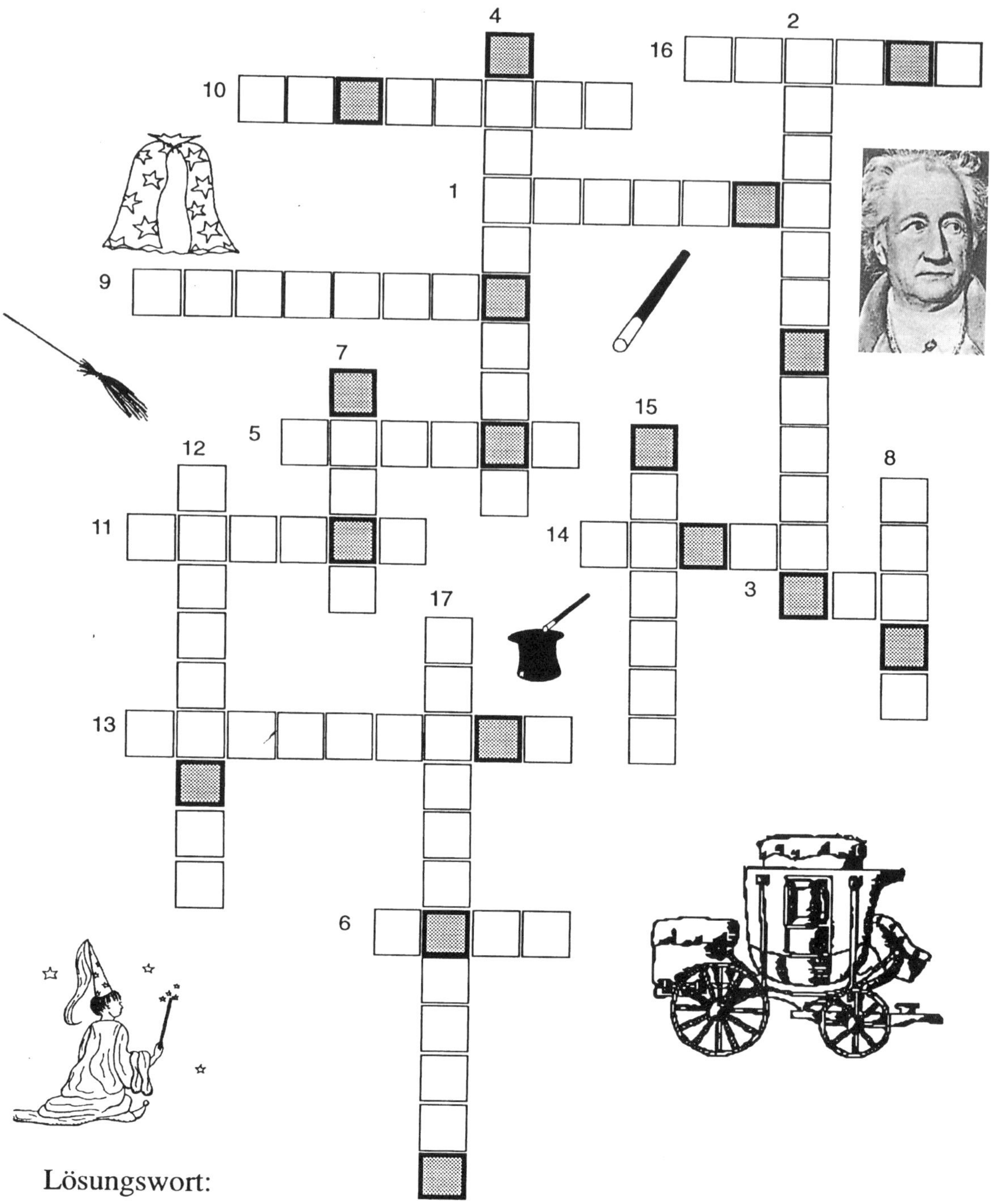


Lösungswort:

1 2 3 4 5 6 7 8 9 10 11 12 13 14 15 16 17

# Bastelanleitung: Zauberhut

Ein richtiger Zauberer hat natürlich auch einen Zauberhut!
Dazu brauchst du:
1 Bogen Tonpapier, 40 x 40 cm
1 Stück Kordel, 40 cm
Schere und Klebstoff
Heftklammern
Buntpapier und Filzstifte
Metallfolie
Zeitungspapier
Hast du den Arbeitsplatz auch gut mit dem Zeitungspapier abgedeckt? Dann kannst du beginnen!

**Aufgabe 1:**
Was du tun musst:
1. Schneide den Hut nach diesem Bild zu:
2. Bemale und beklebe den Hut mit Mond und Sternen und anderen Zauberzeichen!
3. Rolle den Papierbogen zu einer Tüte und klebe die Naht zusammen!
Mit einer Heftklammer kannst du die beiden Enden zusätzlich befestigen.

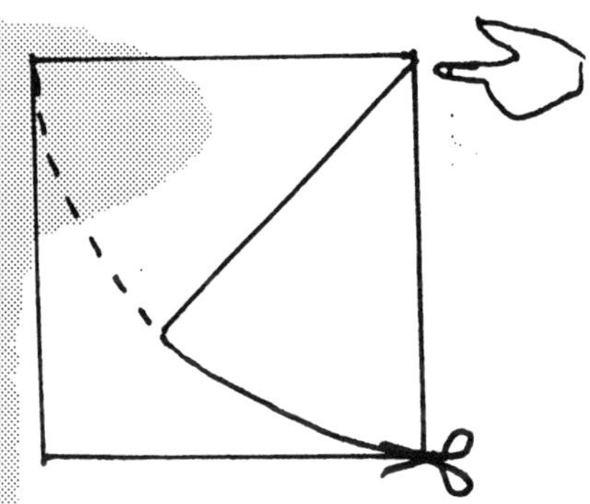

Wenn du deinen fertigen Zauberhut aufsetzt, geht die nächste Aufgabe fast von alleine.

**Aufgabe 2:**
Schreibe in dein Zauberbuch, wie du deinen Zauberhut gebastelt hast.
Hilfen findest du dafür bei der „Information: Arbeitsbeschreibung" auf dem Sondertisch!

# Bastelanleitung: Zauberstab

Was wäre wohl ein Zauberer ohne seine Zauberutensilien? In dieser Lernstation wollen wir einen Zauberstab basteln, den ein guter Zauberer auf jeden Fall benötigt.

Dazu brauchst du:
1 Rundholz, 30 - 40 cm lang, ca. 1 cm dick
Filzstifte oder Plakafarben
Pinsel oder farbiges Klebeband
1 Schere
Zeitungspapier als Arbeitsunterlage

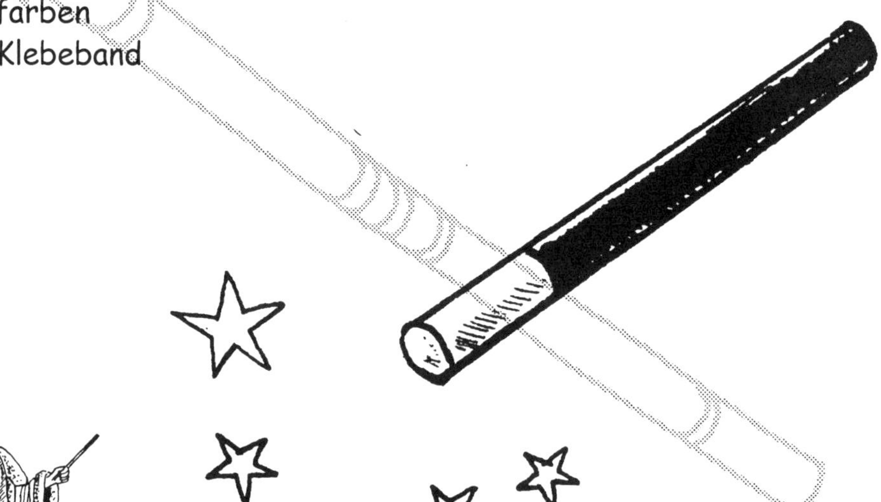

**Aufgabe:**

Nun kannst du deinen Zauberstab nach deinen Vorstellungen gestalten, du kannst ihn bemalen oder auch mit verschiedenen Motiven bekleben.

BVK LZ 01: Monika Böttges: Lernzirkel „Der Zauberlehrling"

# Bastelanleitung: Zauberumhang

Alle Kinder der Klasse fertigen gemeinsam einen Zauberumhang an.
Er wird aus einem einfarbigen Stoff zugeschnitten und am Hals zugebunden.
Besprecht, welche Farbe am schönsten ist und wie groß der Umhang sein soll.
Für den Kauf und das Zuschneiden des Stoffes braucht ihr vielleicht die Hilfe eurer Lehrerin/eures Lehrers.

Jetzt kommt die eigentliche Aufgabe:
Bastel' ein Zauberzeichen und nähe es auf den Umhang.

Du brauchst:
1 Stück bunten Stoff
1 Nadel
1 Faden (gelb, golden oder silbern)
1 Schere
1 Schablone

Suche dir einen Stoffrest aus, der dir besonders gut gefällt.
Lege eine vorbereitete Schablone darauf und schneide das Teil aus.
Du kannst natürlich auch ein eigenes Motiv entwerfen.

Nun nähe dein Zauberzeichen auf den Umhang.
Es ist gar nicht so schwer.
Versuch's doch einfach: Auf und ab
auf und ab
auf und ab
au!! (nicht aufgeben!)
auf und ab ...

Ihr müsst euch natürlich gut absprechen, damit die Zauberzeichen gleichmäßig auf dem Zauberumhang verteilt werden.
Wer die Zauberzeichen nun gar nicht aufnähen möchte, darf sie aufkleben!

# Vorlage / Schablone

# Bastelanleitung: Zauberpalme

In dieser Lernstation verrate ich dir, wie eine Zauberpalme entsteht.

Du brauchst dafür:
Zeitungspapier oder Buntpapier
eine Schere
Klebstoff oder Tesafilm

**Aufgabe 1:**
Hast du alles bereitliegen? Dann kann es losgehen.

Ich erkläre dir die einzelnen Arbeitsschritte:

1. Schneide aus dem Zeitungspapier oder dem Buntpapier Papierstreifen, ca. 15 cm breit, zu!
   - Es sieht besonders schön aus, wenn die Streifen verschiedenfarbig sind! -

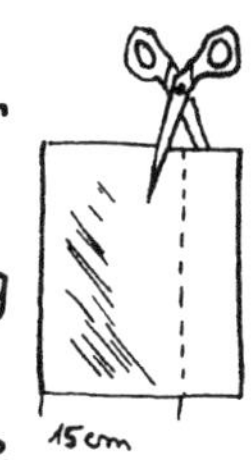


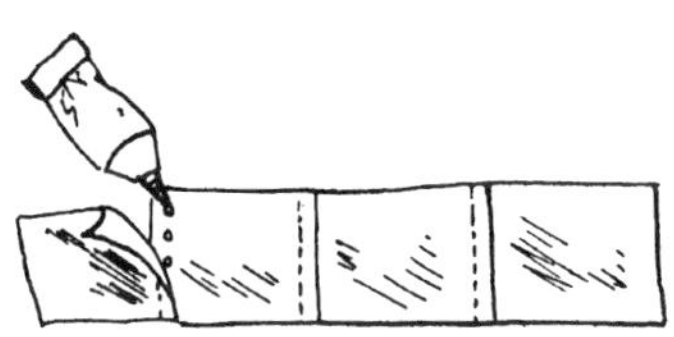

2. Klebe die Streifen aneinander, bis eine Gesamtlänge von etwa 2 m entsteht.

3. Rolle den ganzen Streifen auf!

4. Klebe das Ende der Rolle mit Tesafilm zusammen!

5. Schneide die Rolle 4 mal bis zur Mitte ein!

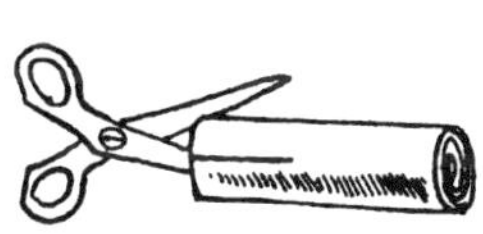

6. Hier hast du zwei Möglichkeiten:
   Ziehe die Rolle vorischtig auseinander - oder:
   lies erst Aufgabe 2!

# Bastelanleitung: Zauberpalme

**Aufgabe 2:**
In der Lernstation 6 findest du bei den Zaubersprüchen einen besonderen Spruch, der zu dieser Lernstation passt. Er beginnt so: „Affengeschrei und Schlangenei …“. Wenn du möchtest, kannst du den Spruch auswendig lernen und ihn dann ganz langsam aufsagen, während du die Palme auseinanderziehst.

**Aufgabe 3:**
Für die Bearbeitung dieser Aufgabe benötigst du wieder dein Zauberbuch. Schreibe in das Buch, wie du die Zauberpalme gebastelt hast! Schreibe in der Ich-Form!
Berücksichtige beim Schreiben die Informationen auf dem Info-Blatt „Arbeitsbeschreibung“! Du findest sie auf dem Sondertisch.

**Aufgabe 4:**
Wenn du möchtest, kannst du den Zauberspruch von der Zauberpalme (evtl. farbig) unter die Arbeitsbeschreibung schreiben.

**Aufgabe 5:**
Klebe einige Konfettistückchen auf diese Zauberbuchseite!

**TIPP:** Konfetti kannst du mit einem Locher selbst herstellen.
Achtung: Benutze nur ganz wenig Klebstoff, sonst klebt dein Zauberbuch zusammen, und ob du es wieder auseinander zaubern kannst?

# Zaubertricks

Was wäre ein Zauberer ohne Zaubertricks?
Ich will dir einige verraten:

**Zaubertrick 1: Der Zauberballon**

Du brauchst: 2 Luftballons, Tesafilm, Stecknadeln

Auf einen Ballon klebst du heimlich einige Stückchen Tesafilm. Nun blase beide Ballons auf.
Ein Zuschauer darf mit einer Stecknadel in den ersten Ballon picken –
der Ballon platzt.
Jetzt nimmst du den zweiten Ballon und stichst hinein –
natürlich in die mit Tesafilm geschützten Stellen –
der Ballon platzt n i c h t!
Hast du dabei auch den passenden Zauberspruch gesprochen?

**Zaubertrick 2: Der verräterische Gedanke**

Du brauchst: Ein 10-Pfennigstück, ein scharfes Auge

Gib einem Zuschauer das 10-Pf-Stück! Drehe dich um!
Bitte ihn, mit einer Hand das Geldstück zu umschließen und die Hand gegen die Stirn zu legen.
Nach etwa einer halben Minute sagst du:
„Lege beide Fäuste nebeneinander auf den Tisch!
Denke nicht an die Hand, in der das Geld ist!"
Nun drehst du dich wieder um und betrachtest beide Hände.
Dann blicke ihm tief in die Augen.
Wortlos zeigst du auf die Hand, in der sich das Geld befindet.
Wie ist das möglich?
Die Hand ist heller als die andere, denn durch das Hochheben ist sie weniger durchblutet worden.

# Zaubertricks

**Zaubertrick 3: Die Zauberschrift**

Du brauchst: Ein Stück angefeuchtete Seife, viele Zettel, einen Stift, einen feuerfesten Behälter, Streichhölzer (die Erlaubnis deines Lehrers!)

Bitte ein Kind zu dir vor die Tür!
Schreibe mit der Seife den Vornamen eines Zuschauers auf den Unterarm dieses Kindes!
(Achtung, es muss ein kurzer Name sein.)

Tritt vor die Zuschauer.
Die Zuschauer sollen dir Vornamen aus ihren Reihen nennen. Du schreibst die Namen auf - nein! Du schreibst immer wieder den Namen auf den Zettel, den du auch auf den Unterarm geschrieben hast.

Ein Zuschauer darf nun einen Zettel ziehen.
Er liest den Namen und hält den Zettel fest.
Nun verbrennst du alle anderen Zettel.

Mit der abgekühlten Asche bestreichst du jetzt den Unterarm des ausgewählten Kindes.
Der Name wird sichtbar.

# Das Zauberbuch

Bald ist dein Zauberbuch fertig.
Wenn du es schön gestaltet hast, macht es sicher Spaß, es sich anzusehen.
Von außen sieht es aber noch wie ein normales Schulheft aus. Es fehlt also noch etwas sehr Wichtiges, und das ist der Einband.

Dazu benötigst du vor allen Dingen Fantasie!

Überlege:
Wie sieht ein echtes Zauberbuch aus?
Welche Zeichen oder Bilder sind auf dem Einband zu sehen?
Aus welchem Material besteht der Einband?

Nun besorge dir das Material, mit dem du arbeiten möchtest.

Vorschläge:
Stoff, Samt, Buntpapier, Geschenkpapier, Metallfolie, Glitzersternchen, Buntstifte, Filzstifte, Konfetti ...

Außerdem brauchst du Schere und Klebstoff.

Ich bin schon gespannt auf all' die schönen Zauberbücher!
Du auch?

# Urkunde

**Aufgabe:**
Sicher bist du ganz stolz auf dein schönes Zauberbuch und deine Zauberausstattung.
Deine Lehrerin / dein Lehrer hat eine besondere Urkunde für dich.
Deine letzte Aufgabe ist es die Urkunde in dein Zauberbuch zu kleben.

Wenn du möchtest, kannst du die Urkunde farbig ausmalen und nach deinen Vorstellungen gestalten.

## Urkunde

**Name:** ______________________________

**hat ___ Stationen**

**als Zauberlehrling bearbeitet**

**und ist nun**

## Zaubermeister

**Datum** ____________

BVK LZ 01: Monika Böttges: Lernzirkel „Der Zauberlehrling"

# URKUNDE

Name: ______________________________

hat _____ Stationen

als Zauberlehrling bearbeitet

und ist nun

# Zaubermeister

Datum ____________

# Information: Arbeitsbeschreibung

Wenn du aufschreibst, wie du den Zauberhut und die Zauberpalme gebastelt hast oder wie du einen Zaubertrick vorführst, dann kannst du natürlich alle Sätze so beginnen:
Ich ...
Ich ...
Ich ...

Puh, langweilig!

Also, wir versuchen es mal anders!

Die Sätze können auch mit folgenden Wörtern beginnen:

zuerst, dann, danach, nun, jetzt, schließlich, zuletzt,

Aber, es gibt noch einen Trick!
Du kannst die Sätze durch vorangestellte Ergänzungen erweitern.

Beispiele:
Ich schneide Papierstreifen zu.
Aus Buntpapier schneide ich Papierstreifen zu.

Ich beklebe den Hut.
Mit glitzernden Sternen beklebe ich den Hut.

Nun bist du fast ein Profi für Arbeitsbeschreibungen!

# Lösung

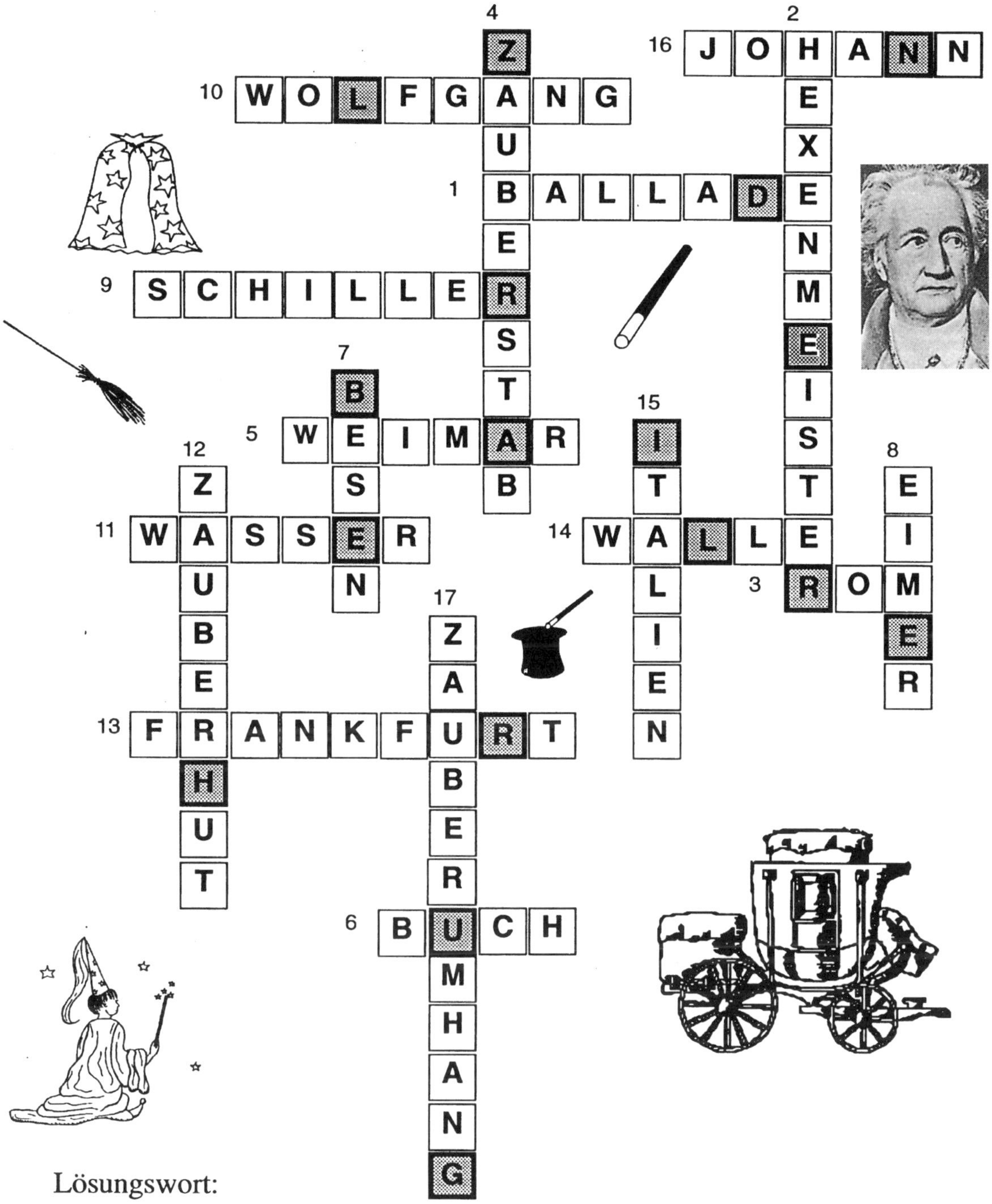


Lösungswort:

| D | E | R | | Z | A | U | B | E | R | L | E | H | R | L | I | N | G |
|---|---|---|---|---|---|---|---|---|---|---|---|---|---|---|---|---|---|
| 1 | 2 | 3 | | 4 | 5 | 6 | 7 | 8 | 9 | 10 | 11 | 12 | 13 | 14 | 15 | 16 | 17 |

# Literaturhinweise


• Ballreich / von Gabowiecki: Zirkus-Spielen - Ein Handbuch -, Stuttgart und Lichtenau (S. Hirzel Verlag / AOL-Verlag) 1992

• van der Gieth, Hans-Jürgen: Lernzirkel - Die neue Form des Unterrichts -, Kempen (Buch Verlag Kempen) 1999

• Hasler, Eveline: Hexe Lakritze, Reinbek (rororo rotfuchs), Hamburg 1981

• Hoyer, Klaus: AOL-Zirkus - Bausteine für Zirkusprojekte -, Lichtenau

• Mücki 9 / 88 (Kinderzeitschrift), Wiesbaden (Universum Verlag)

• Payrhuber, Franz-Josef (Hrsg.): Gedichte im Unterricht - einmal anders, München (Prögel Praxis 177 / Verlag Oldenbourg) 1993

• Schröder, Christoph: AOL Zaubereien, Lichtenau (AOL-Verlag) 1991


BVK LZ 01: Monika Böttges: Lernzirkel „Der Zauberlehrling“